����� ������ (������� ���� �����)

��� �� ����� ����� �����

����: Nicholas Salerno III

��� �� ����� ����� �����

Nicholas Salerno III

Published by Nicholas Salerno III, 2026.

��� �� ����� ����� �����

First edition. March 22, 2026.

ISBN: 979-8233675867

Written by Nicholas Salerno III.

�������� (Disclaimer)

�� ������ �� ������ ��� �� ���� ������� ���� �� ��, ��� �� ���� �� ������� ���� �� ������ �� ��� �� ��� ��������� ���� ���, �� � �� �� ������ ��� �� �� ������� �� ����� �� ���� ���� ���� �� ������ �� ��� ��������� ������

Battle Plan Against Addiction
������ �� ������

��� �� ��� ������ �� ����� ����� �� �� ������ ����� ������ �������

Battle Plan Against Addiction (BPAA) �� ���������� �� ������ ��� �� �� ������������ �� ��������� �� ������������ ����������, ������������ �� ��� ������ �� �������� ������� �������� ����� �� �����

��� �� �������� �� ����� ���� �� ��, �� �� ����� ������ ������ ���� ������� �� ������� �� ���� ���������� ����� �����

������ ������ ���������� ������ ������� ���� ���� ������

— Nicholas Salerno III

������ (Foreword)

�� ����� ����� ����� ���� ��

��� �� ���� ��������� ��������� ��� �� �� �� ������ ������ ��������� �� ���� ��� ���� ���

�� ���� �� �������� �� ��������� ���� ���� �� ��� ��� ���� ��� ���

�� ���� �������, �������� �� ��������� ��� ��� ���� ���

�� �� ���� ���� ���

����� ���� ���� ���

������ ���� ���� ���

�� ���-��� ���� ��� �� �������� �� ����� ���� �� ���� ���

�� ��������� �� ���, ��� ��� ���� �� ���� �� ���� ���� �� ����-���� ���� ��� ��� ��� ����

��� �� ����� �� ���� ����� ��� ����� ����

����� �� ����� ���� ���� ���� ���� ������� �� ������ �� �� �� ����� ��� �����

���� ��� ���� ��� ������ �� �� ����� ��� ���� ����

�� ������ ��� �� ��� ��� ��� �� �� ��� ��� �����...

�� ���� ���� ���� ��� �������

���������

�� ���� ��� ���� ��� ��� ���� ���� ��, �� �� �� ��� ���� ��� ���� ���� �����

�� ������� ������ ���� ������ ����

�� ������� ������ ��� ������ ����

�� ������� ����� ���� ������ ���... �� ��� ��� �������� ��� ������ ��� ������ ����

�� ��� ��� ��� �� ���� Albert Einstein �� �� ��� ��� ��:

"��� �� ���-��� ��� ��� ���� ��� �� ��� ������� �� ������� ����� ���, �� �� ������� ���"

�� ��� ���� ��� ��� ��� ���

������� ������ ��� �������� �������� ���� ����

�� ������� ����

�� ������� ����

�� ������ ���� ����

�� ���� ���� ����

�� �� �� �� ��� ���� ����...

�� ���� ���� �� �� ������ ��� ��� ������� ���� ����

���� ��� ��� — ��� ������ �����

������ ���� ��� �� ��� ����...

������ ��� �� ������ �� ���� ������ �� ������ ������ �� ����

���� �� ���� ��� �� ��� ������ ������ �� �������� �� ���� ����:

The Battle Plan Against Addiction

�� ������ ���� ����� ��� ���� ��� ���

�� ��������� ������ �� ��� ���
�� ���
�������� ���
��� ���
�� ������ ����� ���
�� �� ��� ���� �� ��� ��� �� ���� ��� �� ��� ���� ����� ���� ���
���� ��� �� 5 ��� �� ���� ��� ��� �� ����� ���
���� ���� ���� ���� �� ���� ���
���� ����� ���� �� ��� ����
�� �� �� ������ �� ��� �� ��� ���
�� ����� ��� �� ������� ���
���� ��� �� ���� ��, ����
�������� ����� �� ����� ���� ��—
��� ��� ���� ����
���� ������ �� ���� ���
�� ������ ��� ���� ���� �����

����� (Introduction)

����

��� �� �� ������ ��� ��� ���, �� ������� �� �� ���� ��� ���� ��� �� ��� ��� ���

�� �� ������ �� ��� �������

�� �� ����� �������

���� �� ���� �� �� ���� �� ��� ���� ���� ���

�� ��� �� ������ ��� ���� ���� �� ����� ���� ���� ���...

���� ��� ��� ������ ����� ���� �����

������� �� ������� ���� �� ���

The Battle Plan Against Addiction ���� ��� �� ����� �� ���

�� ������ ������ ���� �� —

� �� ���� ������� �� ���� �� ������������ ���� �� ������

�� ������ ����� ����� �� ��� ���� ���

�� ������ �� ��� ���

�� �������� �� ��� ���

�� ������ �� ��� ���

����� �� �� ��� ���� �� ����������� ���

�� ���� ���� ���� �� ��� �� ���� ������� �� ��� ���� ��...

�� ���� ��� �� ���� ���� ��� �� ��� ���� �� ��� ���

�� ��� ���� ������ ��� ��� ��, �� �� ���� ��������� ���� ���

���� ����� ���� �� ���� ���

���� ������ ����� �� ����-����� ����� ���� ���

���� ����� ���� �� �� ����� ��� �� ���� ���

����-����... ��� ��� �� �� ���� ����

������ �� ������ ��� �� ���� ���:

1. ���� ���� �� ��� �� ����� ����
2. ���� ���� �����, ���� �� ������ ���� ������

�� ������ ��� �� ������ ��� �� ���� ���

�������� ������ ���� ������� �� ���� ����—

�� ��������� �� ���� ���
��� �� ����
������ �� �������
������ �� �������
�� ������ �� ����� ������ ���
�� ������ ���� ����
�� ��� ������, ����� �� ������ �� ��� —
������ ���� ���
����, ���� ���� ���� ����

����� ���� �� ���� ���������� ���� ��:

���� ���� �������
������ ���� ���
��� ������ ���

�� ����� �� ������ �� �� ������ �� ����� ����� ��� ���

�� ��� ������� ��� �� ���� ��� ��� ��, �� ���� ����� �� ������� ������ ������ ���� ���

������, ����, ������� ������ �� ���� ��� ����� ��� ������� �� ������� ������ ������ ���—

�� ���� �� �������� �� ����� �� ����� ���

��� �� ���, ����� �� ������ �� ������ �� ���� ��

����� "�������" ����� ���� �� ����

�� ���� �� ����� ��...

�� ����-���� �������� �� ���� �� ���� ���

���� ���� �� ���� �� ������� �� ���������� ���� �� ���� ��—

����� �� ����� ��� ��� ���� �� �� ��� ������ ���� ���� ����� ���� ���

��� ��� ���� ��� ����� �� �������� �� ��� ���� ���� ���:

�� �� ������ ���� ������ ��� �� �� �� ��� ����� ��� ��

�� ����� �� ������ ���� ��� ������ ���� �� ���� ���� ���

�� ��� ���� ���� �� ���� ���� �� ����� ���� �� ��� �����

�� ���� ���� �� ��� ��� ���� ����

���� ���

���� ���

������� ���

���� ���

������ ���

�� ��� �� ����� �� ���� �� �� �� ��� ������� �� ��� ������—

����� �� ���� ������ �� ��� ������� �� ����������� ���� ��� ��� ���� ���

�� ������� �� ����� ��� ����� ���� ���� ������ ���

����� ���� ��� ������� ��:

“���������� ����� �� ����� ���� ����”

— ������� 10:14

��� �� ���� ��� ����� ���� �� �� ��� ������ ���� ���

�� �� ��� ���������� ����������� ���� �� ����

������ �� �������� ���� ���� ����

�� �������� �������� �� ����� ���� ����

�� ���� �����������—

�� ������ ���� ���� ���� ����

�� ������ �� ��� “��� �� ����� ����� �����” ����� ��

������� �� ������ ��� �� ����� ���
����� ��� �����
����� �������� ������
���-��� ��� �� ����� �� ��� ��� ����
����� �� �� ������ �� ��� ���� ���,
�� ���� �� ���� ����� ���� ����� ��—

�������

������� �� �� ��������� �� ����� ���,

�� �� ������ ��� ���� ����

�� ������ �� ��� ��� ���� ���

����� �� ��� ����

�� ������� �� ��� ���� ���� ��� ��� ���� ������ ��� �� ������:

1. ��� �� ���� ��� ����� ��� �� ��� �� ������ ����� ��� �� ����� ����� ������ ��?
2. �� ������ ������:
   "����� ����� �� ����� ��� ��� ��� ���� ������ ��?"

�� ������� ���� ������� �� ���� ������� ��� �� ������ ��� ��� �������

�� ��������� �� ��� �� ���� ������ ���

������ 2

����� ����

����� ��� ���� ������� ������ ���� ���� ��?

�� ���� ����� ��...

����� �� ����� � ����

��� �� ��� �� ��� ���� ���

�� ������ �� �� �� ������� ���� ��� �� ���� ���� ������� ���:

“��� ����� ���... ���� ��� ������”

����� �� �� �� ��� ��—

�� �� ��� ��� ���� ���

���� (insurance) �� ������� ���� �����

��� �������� ������ (rehab) �� ���� �����

���� ��� ���� ��, �� ������ ���� �����

�� �� ����� ��...

��� �� ���� ���� ���

����� �� ��� ���� ���

��� ���� ���� ����� ������� �� ��� ���� ��� �� ������ �� ���� ������...

���� ��� �� �� ����� �����

����� �� ���, ��� � ��� ���� ����� � �����

“�� ���� ����?”

“���� ���� ��� �����?”

“���� ��� ��� ������ ��?”

�� �� �� �� ���� ������—

�� ������ ��� �� �����
�� ���� ������� ���� ���
������� ������ �� ��:

������ �� ���� ����� ���� ���� �����

�� ����-���� ���� ��� ��� ���... �� ����� ��� ���� ����

������� ������� ����� ������� ����
����� ����� �����:
�� ����� ����� �������� ���—
“��� ������ ���”
�� �� �� �����—
“�� ��� ����� �����”
��� ���������� ������
��� ����� ������
��� ����� ������
�� ����������
������� ����� ������� ��� ����� ���
�� ������� ������� �� ���
�� ������� ��� �����-����� ������
��� ��� ������ �� ��� ������
��� ��� ������ ���
����� �� ����� ��� �� ����� ����
��—
�� �� ������ �����,
�� ��� ����� ����
������� ����� ��������� ����� ��
�� ������� ��� ���� ����� �� ���
��������� �� ����� ����� ���
����� ����� ��� ������ ��:

“����� �� ��� �� ��� ����� ����� ���� ���� ��,

������ ���� ����� �� �� �� ���� ���”

— ������� 21:31

���� ���� �� ���� �� �� ��� � �����

���� ���� ��—

�� ���� ���� ������ ����...

�� ��� ������� �����

���� ��� �� ����� �����

���� ��� ������ ��
������ ���� �����

������ �� ��� ���� ����

1. ���� (Insurance) �����

- ���� ��� ��?
- ��� �� �������� ������ ����� ���?
- ���� �����-�������� (pre-approval) �����?

2. ���������������� �� ���� �����

- 2–3 ����� ������� ����
- ���� �� ��� ����
- �������� �� ��������� �����

3. ������ ���� ����� ����

- ������ �� �����
- �������
- ������ ����
- ��������� ����

4. ��������� ������

- ����� ����
- ������ ����
- ����� ����������� ����

�� �� ��� ����...

��� ��� �����

����� �� ��� ����

�� ������ �� ��� ���� ���� �������� �� ������ ���

�� ��:

1. ���� ���� �� �������� ������� �� ����� �� ���� ��� ��
2. �� �� �� **2** ��������� �������� �� ���� �����
3. �� ������� ���� ����� (�� �� �� 3 ��� ������ �� ��� �� ���� ���)

�� ���� ����������—
�� ����� �����:
“�� �� �� ����, ��� ����� �������”

������ 3

������� ������ �����

��� �� ����� ����� ���� ���� �����

���� ����� ����� ��...

��� ����� ��,

�� ���� ��� �� ��� ���� �����

��� �� ����� �� ����� �� ��� �� ���

�� ��� ����� ��� �� ������ �� ��� ��� �� ������� �����

�� �� ���� ���������� ���

�� ��� �� ����� ����... �� �� ��� �� ������

����� ������ �� ��:

�� ����� ����� �����
�� ��� ���� ��� ���

�� �� ���� ���� ����� ������� ��
��� ���� �� ����� �� ��� ���� ���,

�� ����������, ������ �� �������
��� �� �� ���� ���� ���� ���

�� ��� ���� ��� ����� ���� ��—

�� �� ���� ����� �� ����� ��� ���
���� ���

������ ������ ����� (support network)
������ ���

�� ���� ��� �� ������� ��� ���

�� ���� ����� ���� �� �� �� �����
����� ���� ����

�� ���� ��� ������ �� �� �� �����
���� ����

���� ������ ����� ����� �� ����
��?

������ �� �����

�����

�������

������ �����

���������� ����������

��� �� �� �� ���� �� ����� ��…

�� ���� ��� ���� ���� �� �����
���

����� ���� �� �� ������ ��:

�� ��� ���� ������
����� �� ������ ����
���� ������

��� ��� ���� �������� ������

��� ��� ���� �� ��������

��� ��� ���� ��� ���� �������

���� �������� �� ������ ������

��� ������ �� ������ ��:

���� ������ ������ ���

���� ������� ������ ���

�� �� ������� ��� ���� ��� ���� ���� ���

������ �� ����
(Boundaries)

������� ������ ������ ������� ��,
���� �� ������ �� ������ �� �����
������ ������ ���� ������—
�� ����-�������� ���� ����
�� ���� �� �� ���� ��� ��� ���� ��� ��:
�� ���� �������� �������
�� ���� ����
��� �� ���, ������� ���� ����������� ����
�������� ���� ������� ��—
�� ������� ��� ��� �� ������ �� ���� ����
��� “������ ����” (enabling) ���� ����
������� �� ���:
���� ���� �� ��� ��� ��������� �� ���� ���
��� �� �������
�� ������� �� ���� ��� �� ����
�� �� ��� ���� ���� ��—
������ ������� ��� �� ������� �� �� ���� ���� ���
������� �� ���� ���� ���� ���
���-��� �������� ���
������ �� ������ �� �� ������ ��� ���
�������� �� �������� �� ����—

��� �� “��” �� ��� ���� ����

������� (Resilience) �����

�� ������� ���� ���� �����

����-����� ������

������ ����... ��� ���� ���� �� �����

��� ����������� ���

������� (resilience) �� ���� ��:

�� ��� ����� �� ��� ��� ����

�� ��� ������ �� ��� �� ��� �����

�� �� ��� ���� ��—

�� �� ���� ������ ��

����� ���� ��:

"����� ��� ��� ����� �� �� ��� �� ���� ���� ���"

— ������� 24:16

��� ������� ���

�� ����� ����—

�� ����� ���

�� ��� ��� ����� ����

����� �� ��� ����

�� ������ �� ��� ���� ����:

1. ���� ������ ����� �� �� �� �� 3 ����� �� ��� �����
2. �� ���� �� ���� �� ���� ��� ���� ���� ��
   (������: ���� � ����, ��� �� ������ ��� ����)
3. �� ����� �����:
   “��� �� ����� ��� ����� ���� ����”

������ 4

��������� �� ����� �����

�� ����� ��� �� ��� ���� �� �� �� ��� ��� ���� ��—

�� ���� ����� ���...
�� �� ���� ��� ���� ����

�� ���, �� �� ���� ���� ����� �������� �� ��� ��� ���� ����� ���,

�� ����-���� ����� ������� ����� ���� ���

�� ������ �� ������� �� ��� ��� ���� ����� �� �� ��...

����� �� ��� ��� ����� ���� ��� �� ��� �� ��� ���� ���

�� ����� ���� ���:

"�� ��� ����� �� ��� ���?"

"������ ��� ����� ���� ���?"

"�������� �� ��� ����� ������ �� ����?"

�� ����-����...

����� �� ��� ������ ���� ���� ���

����� ���� �� ������ �� ���� ����� ���� ������ ��:

���� ���� �������
��� ���� ���

��� �� ��� ���� ���

�� �� �� ���� �� ��� ���� ���,

�� ������ ������ ��� ���� ���

�� ���� ����� ���� ����

�� ������ ���� ���� ����

�� ��� ����� ��� ����� ����� ���� �� ��� ��� ���� ���

�� ���...

��� ���� ��� �� ����� �� ���� ���

��� ��� �� ��� ����

�� ��� ������ �� ��� ��� ���� �����

��� ���� ���� ��������:

��� ��� ��

������ ��� ��

�� ���������� (defensive) ��

�� �� ��� ��� ���� �� ���� ���

��� ��� �� �� �� ������� ������:

����� ��� ��� ���� ��

������������ ������� ��

�� ������� �� �� ������ �� ���� ��

��� ��� �� ���� ��?

�� �� ���� ���

�� �� ����� �� ������� ��� ���

�� ����� �������� �� ��������� ��

����-���� ��� ���...

���� ����� �� ���� ����

���� ��� ����

�� �� ���� ���...

�� ���� ���������� ���� �� ����� �� �� ���� ���� ����

����� ��� ������ ��� �� �� ��� ��� ���� ���:

� “��� ���� ������ ������ �� ��� ��”

� “���� �� ���� �� �� �������� ��� ���� �� ���� ��”

� “������� ��� ����� ���� ���?”

� “��� �������� ����� ���� ��� �� �������� ��� ���� ����� ���”

� “��� ����� ��� ���� ��”

� “��� ��� ��� ��� �� ������ ������� �� ��� ���”

�� ����� ���� ���� ��...

����� ���� ��� ���� ���� ���� ���

�� ���� (defense) �� �� ���� ��

�� ����� �� ������� ����� ��

������ ����, ����� �����

��� ������ �� ��� ���� ���

���-��� ����� �� �� ������ ��� ���� ����

������ ������ ���…

�� ��� �������� ���

����� ����

����� ����

����� ���

����� ���

����� �� ������ ���…

�� ����� �� ������ ����� ���

��� �� ����� ��� �� ��������—

�� �� ������� �� ������

��� �� ������ �� ��������—

�� �� ������ �������

����� �� ��������

�� ������ �� ��� ���� ������
������ �� ��� ������...
��� �� ��� ����� ���� ����
�� �� ��������� ���
���-��� �����
���-��� ����������
����� �� ��� ����...
�� ���� ������...
�� ��� ���� ��
�� �� ���...
�� ��� ����� �� ���� ��

����� �� ��� ����

�� ������� �� ��� ���� ����:

1. �� ������ ����� �� �� ����
   ������ �������� �� ������ ��
   ������ �� ��� �� ����� ���
2. ���� ��� ������� �� ��� ��� ���
   �������� �� ������� ����
3. ���� ������ ��� ������:
   “��� �������� �� ��������, ��� ��
   �����”

������ 5

��������� �� ������������: �� ��������� �� �����

�� ������ ��� ���� ���

�� ��� ���� ������� ��...

�� �� �� �� �������� ���� �� ���� ����

��������� �� �� ������ �� ���� ��� ��� ���� ���

�� ������ �� �� ��� ���� ��—

�� �� ��� ���� �� �� �� ������ �� ���� �������� �� ��� ����� ���

���������� �� ���������� ������� ��,

�� �������� �� ���� 100 ���� ���� ���������� ���

�� ���� ������� ���?

�� ������ ���� ���� ��� ������� ���� ��—

���� �������� �� �������� ���

���� ���� �� �� �� ��� ������� ��� ���� �� �� �� ��� �� �� ��� ��...

������ ������� ��� �� �� ���� ������� ������� �� ��� ���� ���

�� ���-���—

�� ��� �� ���� ���� ���

������� �� �����
�������

�� ������ ��� ������ ���� ��� ���� ���

���� �� ������� ��� ����� �� ������� �� �� ��� ���

��� ������� �����:

���� ���� �� ����� ��� ����
���� ���� �� �����
������ �� ����������� � ����
���� ���� (pinpoint) ��������
��� �� �� ����� ����� ���—
�� �� ���� ������ ���
��� ���� ���������� ���

����� (Naloxone): ���� ����� ���� �����

����� �� ��� ��� �� �� ������ ������� �� ��� ���� ���

�� ��������� �� ����������� �� ����

��� �� ������ �� �������� ��� �� ��� ���� ���

��� ��� ��� �� ���� ���—

�� �� ���� �� ��� ��� ���� ���

����� ��� ���������� �����:

���-��� �� �� ���� ���� �� ������ ���� ��

��������� �� ������ ��� ����� ��� ��

����� ���� �� ��� �� ����� ��������� ������ ������ ��

��� ���� ����� �������� �� ����� ��—

�� ���� ��� ����� ���� �����

�� ���� �� ��� ���� ����� �� ��� ���� ��������� ���� ���

��� ����, ������

�� �������� ����� �� ��� ���� ���
�� ���� ����� ���� �� ��� ���
�� ���� ��� �� ���� ���
����� ���� ��������� ���� �� ����� ���� ���
�� ����� �������—
�� ���� �� ����� ����������� �� �������

��� ����—�����

�� ��� �� ������� �� ��� ���� �� ����� �����

������� ���� �� �� ���� ������� ��� ���� ���

������ ������� �� ��:

������ ��� �� ����
���� ���� ���

���� ��� ���� �����
 ���� ��� ���
 ��������� ���
 ���� ���� �� ���� �� ���

����� �� ��� ����

�� ������� �� ��� ���� ����:

1. ���� �������� ��� ��� ���� �� ������ ���� ������� ��
2. �� ������ �� ��� ���� ��������� ���� ���� ��
3. ���� ������ ��� ������:
   "��� ����� �������, ���
   ������������ ������, ��� ����
   ��� ���� ����"

������ 6

��� �� ���� ����

�� ����� ��� �� ������ �� ���� ����� ���������� �� ���� ���� ��—

�� �� �� ����� ��
������ ����

�� ��� ����� ������� ��� ��� ����
���� ��,

�� ���� ����� ��� �� ��� ���� ���
���� ������
���� ��������
���� ������
�� ����-����...
�� ��� �� ����� ���� ����
���� ���� �������� ���� ���
���� ����� ��� ���� ���
���� �� ����� ����� ��� ���� ���
�� �� ��� �� ���� ����
�� ��� �� ����������� �� ��� ����
���� ���
�� ��� �� ���...
�� ��� �� ���� ���� ����

�� ����� ������ ��

��� �� ��� �� �� ���� ���—

�� �� �� ����� ��� ���� ��� �� ��� ���� �������

�� �� �������

�� ��� �������

�� ����� �� �������

�� ��…

�� ���� �� �� ��� ���� �� ������ ��� ���� �������

������ �� ������ ���� �� ���������� �� ����� ���� ����

��� �� ������ (Self-Care) ������� ����� ��

���� �� ��� ������ ���:

“��� ��� ���� ���� ��� ��� ��� ���, �� ��� ��������� ���”

������ ������� ���� �������� ������� ���

��� �� ������ ��
������ ���

�� ���� ���� ���

�� ���� �� �� ���� ���� ��� �����
��� �� ��� ��� ���, ���� ��� ���,
�� �� ���� �� ����� ���� �� �����

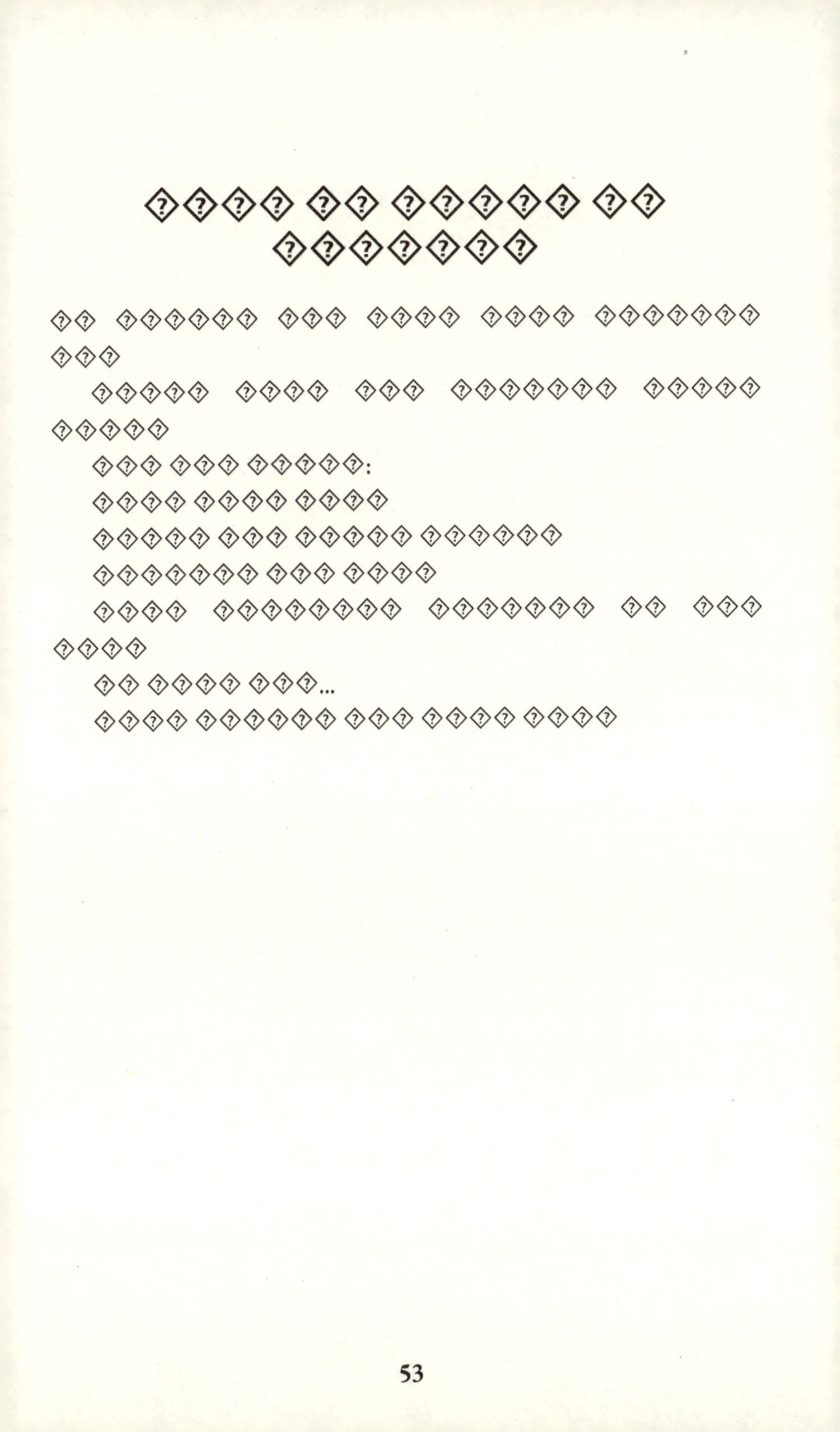

���� �� ����� ��
�������

�� ������ ��� ���� ���� ������� ���

����� ���� ��� ������� ����� �����

��� ��� �����:

���� ���� ����

����� ��� ����� ������

������� ��� ����

���� �������� ������� �� ��� ����

�� ���� ���...

���� ������ ��� ���� ����

������ ��� �� ���
����

�� ������� ��� �� ��� ��� �� ��� ��—

��������

�������� ��� �� �� ��� ������� �������…

�� ������� �� ��� �� �������…

�� �� ������ �� ���������

������� ����� �� ����� �� ������� ����� ���:

“��� ��������� ������ ����� ���…

������ ����� �� ����� ������� ����� ���”

�� ������ ��—

�������� ������

���� �� ��� �� ������

��� �� ���…

���� �� ���� ���

����� �� ������ �� ��� ���� �����

���� ��� ��� �� ������� �����

�� ������ �� ���� ���� ���� ����

���—

������ ���� �����

�����

�������

������ �� ��� ���

���� ��

�� �� ���� ������ ���� ���…

����� �� ���� ����� ���� ����

���� ����� �� �����
�� ���� ��

�� ���� �� “������ ���� ����” ���� ����

�� �� ����� ����
���� ���� ������� ���
���� ���� ���� ����
�� ����� �� ���—
���� ����� �� �� �����

����� �� ��� ����

�� ������ �� ��� ���� ����:

1. �� ���� ��� 30 ���� �� ��� �� ���� (����� ���� ���)
2. �� ��� ���� ����� �� ���� ���� ���� ���� ��—�� ��� ��� �� ���� ����
3. ���� ����� ��� �����: “��� �� ���������� ���� ���� ����� ����� ���� ���”

������ 7

���������� �� ����� ����� (Intervention)

�� ����� ��� �� ��� ���� ��� �� �� ���� ���� �������� ���� ���� ����...

���� ��� ����� ���� ���

��������� (Intervention) ��� ���� ��� �� �� ���������, ���� �� �������������� ������ ���� ��—

����� ������ ��:

���� ����� �������
�� ������ ������
�� ������ ���
������� ���� �� ���
������� �����

������ ���� �� ��� ���� ������������
��:

> ���������� ��� ����� ���� ���
> �� ���� ���� ���
> �� ���� ����� �� ��� ���� ���
> �� �� ������� ������ ���

��������� �����
������ ��

�� ��� ������ ���:

"�� �� ������ �����, �� ��� �� ��� �����"

����� ������� �� ��—

��� ������ �������� �� �� ������ �� �������� �� ���� ����

����� �� ��� �� ��� ��������

������� ���-���—

������� �� ��� ��� ������ ���

������ �� ����

��������� �� ����

�� ������ �� ����

������ �� ����� ��

�� ��� ���������� ����� ���� �����
�� ������� �� ���� ���

���� ���� ���� ��:

1. ��� ����� �� �����
    - 2 �� 5 ���
    - �� ���� ����
    - �� ��������� ��� �� ����� ���
2. ���� �� ����� �����
    - ���� ���� ��
    - ���� ���� ��
    - ��� ���� ��� ��� ����
3. �������� ������ ����� ����
    - ��� �� "���" ����—
      �� �� ����� �������� �� ����

���� ���� ��

��������� �� ����� ���� ���� ���� ����� ���� ����

���� �� ��� ������� ��:

1. ����� �� ����� �� ������� ����
"��� ������ ����� ���� ���... ��
��� ��������� ����� ���� ���"
2. ������ ���� ���� (���� ���� ��)
"����� ���� �� �� ������ ����
���� �� ��� ���"
3. ������ �����
"���� ���� �� ���� ��... �� �����
������ �� ��� ��� ��� ��"
4. ������ ��� ����
"���� ��� �� ������ ����� ���
���... �� ��������� ��� ���"

���� ���� ���� ��

���������� �� ������:

� ��������� ����

� ���� ���� �����

� ������� ����� ���� �����

� �������� ���� ����

�� �� ������ �� ��� �� ���� ���

������ ������ ����

���������� �� �� ����������� ������ ��—

��������

��� ���� ����� ������� ��� �� ������ ���� ��,

�� ���� �� ������� ���� ����:

�� ���� ������� ������…

�� ���� ����

�� ���� ���

����� �� ������ ���

������� ���� ������ ��—

��� ���� ���� ���

������ ��� �� �� ���� ��

�� "���" �� ���� ����

�� "����" �� ���� ����

���� ����� �� ��� ����� ���� �����

����� ��� ����—

���� ��� ��

��� ����� ��, ����� �� ���, ��������� �� ��� ��� ���

�������—

��� �� ��� ��� ���� ���

����� �� ��� ����

�� ������� �� ��� ���� ����:

1. �� **3–5** ����� �� ���� ����� �� ���������� ��� ������ �� ���� ���
2. ���� ����� �������� �� ��� �� ���� ����� ����� (������ + ����� + ������)
3. �� ����� �����:
   “��� �� ������ �� ����� �� �������� �� ��� ��������”

������ 8

����� ����� �� ���� ����

�� �� ���� ���� ��:

������ �� �������

����� ����

������ ����� �����

����� �����

��� �� �������

��������� �� ����� �����

�� ��� ��—

�������� ���

�������� ������ ���� ��������� ��...
��������� ���� �����

��� ��� �� �������

�� ����� ��� ��� ���� ���� ���������� ���� ����

�� ���� ���� ���...

����� ��������� ���� ����

�� ���� ����� ������� ���� ��:

"��� �� ��� ���"

"��� �� �� ���� �� ����"

"���� ��� �����"

��� �� �� ���

�� ��� ���� ������ �� ��—

�� �� ����� �������� �� ���� ����

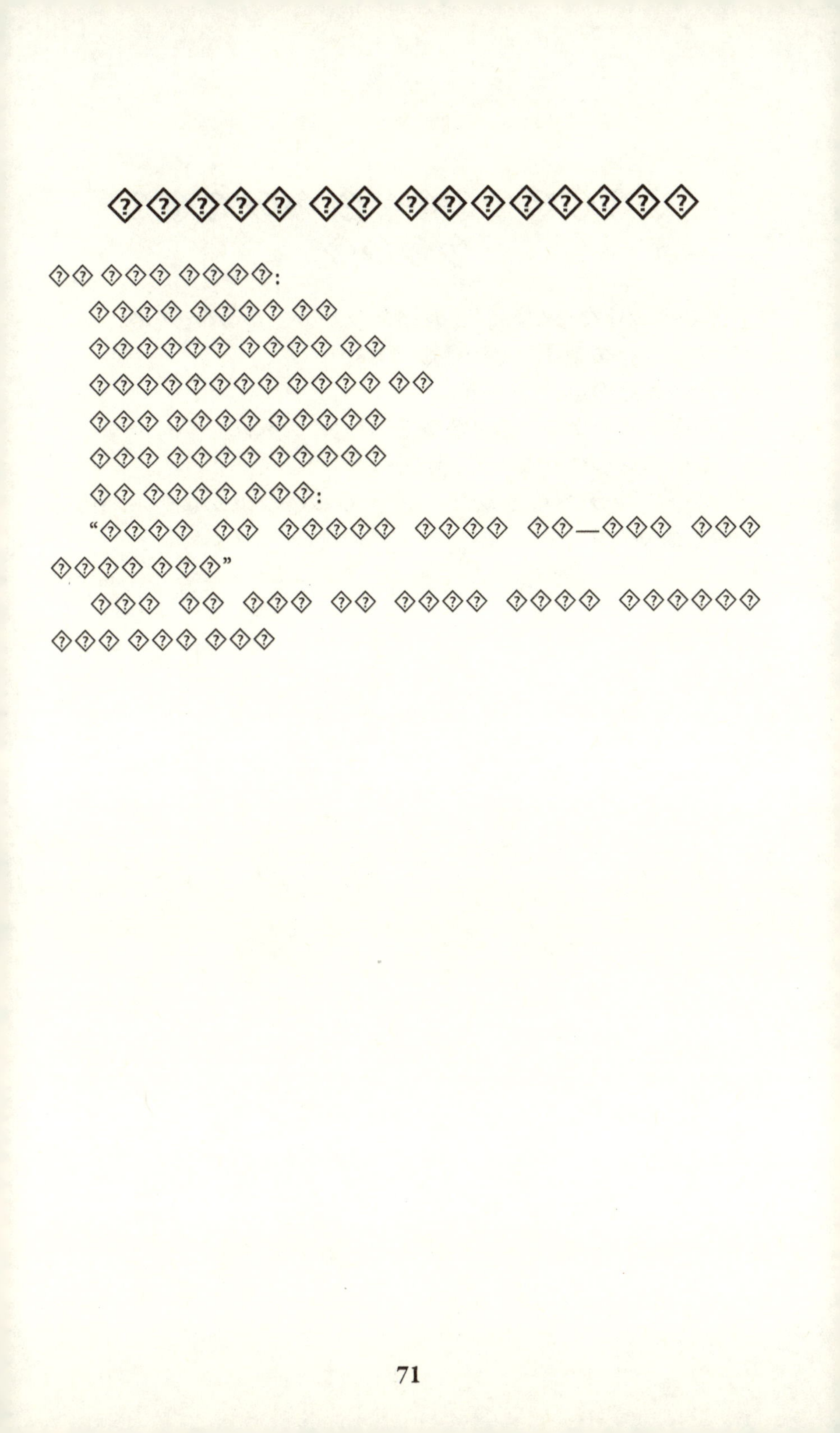

����� �� ��������

�� ��� ����:

���� ���� ��

������ ���� ��

�������� ���� ��

��� ���� �����

��� ���� �����

�� ���� ���:

"���� �� ����� ���� ��—��� ��� ���� ���"

��� �� ��� �� ���� ���� ������ ��� ��� ���

��������� �� ���
����

�� ��� ������ �� ���� �� ������

��� ���� ����� ����

��� ��� ����

��� ��������� ���� ����

�� ���� ��� ����

���-��� ����� �� ���� ���� ���� ���� ���

������ ��� ��������� �����

�� �� ���� ���� ���� �����
��� �������� ����������:
����� ��
���� ����
����� �����
��������� ����-�����
�� �� �������� ���
���� ���� �� ���� �� ����� ��� ���
���� ���� ��—

�� ��� ������ �� ����

����� ����

�� ��� ���� ������ ��:

���� ����

����� ����

������ ����

�� ������� �� ����—

������ �� ��� ���� ����

�� ���� ���:

“�� �������� ��� ���…

�� �� �� ��� �������”

�� ��� ����� ���� ��

���-��� ��� ����� ���:

"�� ���� ���� ��� ��... ���� ���� ���� ������?"

����� ������ �� ��—
�� ���� ���...
�� ���� ��� �� �� �� ���� ��
���� ���
���� �������
���� ��� ���� ��� ��
�� �� ���������� ���

��� �� �����

��� ������� ���� ��� ��� ��� � ����—

�� ���� ���� �� ���� �� �� ���� �� ����

���� ���� ��—

�� ��� �� ������ �������

�� ��� �� ���

�� ������� �� ���

����� �� �������

“�� ��� ��� ��� �� ���� ��,

��� ���� ��� ��� �� ���”

— �������� 3:27

�� ������� ��� �� ���� ��� ��—

���������

����� �� ��� ����

�� ������� �� ��� ���� �����:

1. ���� ����� �� ���� 3 ������ ��� �����
2. �� “����� ��������” ����� ����� ����:
   “���, �� ��� �� ��� ����� ���”
3. ���� ����� ��� �����:
   “��� ����� ���, ��� �������� �������”

������ 9

�� ����� ����� ����

�� ����� ��� �� ��� ��� ��� ��...

�� �� ��� ����� ��� ���� ���

�� ���� ���� �� �� ���� �� ��� �� ���� ��—

�� ��� �� ��� ���� ��� ����

�� �� ���� ���� ����

�� ����� �� ���� ���� ����

�� ���� �� �� ����� ��� ��—

“���� �� ��� ���� �� ����...”

��� �� ��� �� ����� ����

��� ���� ��� ����

����� ���� ���� �� ���� ���� �������� ��� �� �� �� ����� ����—

�� ���� �� ��������� ������ �� ����

���� ��� ���� ���

���� ���

������ ���

�� ���?

��� ���� ��� ���

���� ��� ���

�� �� ����—

�� �� ���

�� �� ��� �� �� ���� �� ��� ���� ����� ���� ���

����� ��� �� ��� �� ���� �� ����� ����

����� ����—

�� �� ��� ����� ��������� �� ���� ���� ��...

�� ���� ���� ���� �� ��� ����� ����� ���

�� �� ������� ��

�� ����� ����� ����� ���

�� ����� ������ ���

�� ����� ������� ����� �� ������ ���

�� ����� ����� ������ ������ ���

������ ���������...

����� ��� ������ �� ����� ����� ���

�� ����� ����� ����� ��—

��� �� ������ ����� ������ �����

������ ����� ��:

“�������� ���������� �� ����� �� �� ������ ����� ��,

������� �������, ����� �� ����� �� ������ �� ���”

— 2 ����������� 1:7

����� ����� ��—

�� ����������� ��...

������ ����� ������ ����� ����� ���

����� �� ������ ��
��������

���-��� ���� ����� ���� ���� ����
���

���� �� �� ����� ������ �� �����
���� ����

����� ��� ����—

����� �� ��� ���� ���� ��…

����� ���� ��� ������� ���

�� ������ ���

��� �� ����� �� ����� �� ���� ��
���

�� ���� �� ���� ���

�� ���� �� ���� ���

����� ��� �����…

��� ������…

�� ������� �� ���—

�� ��� ���� ����

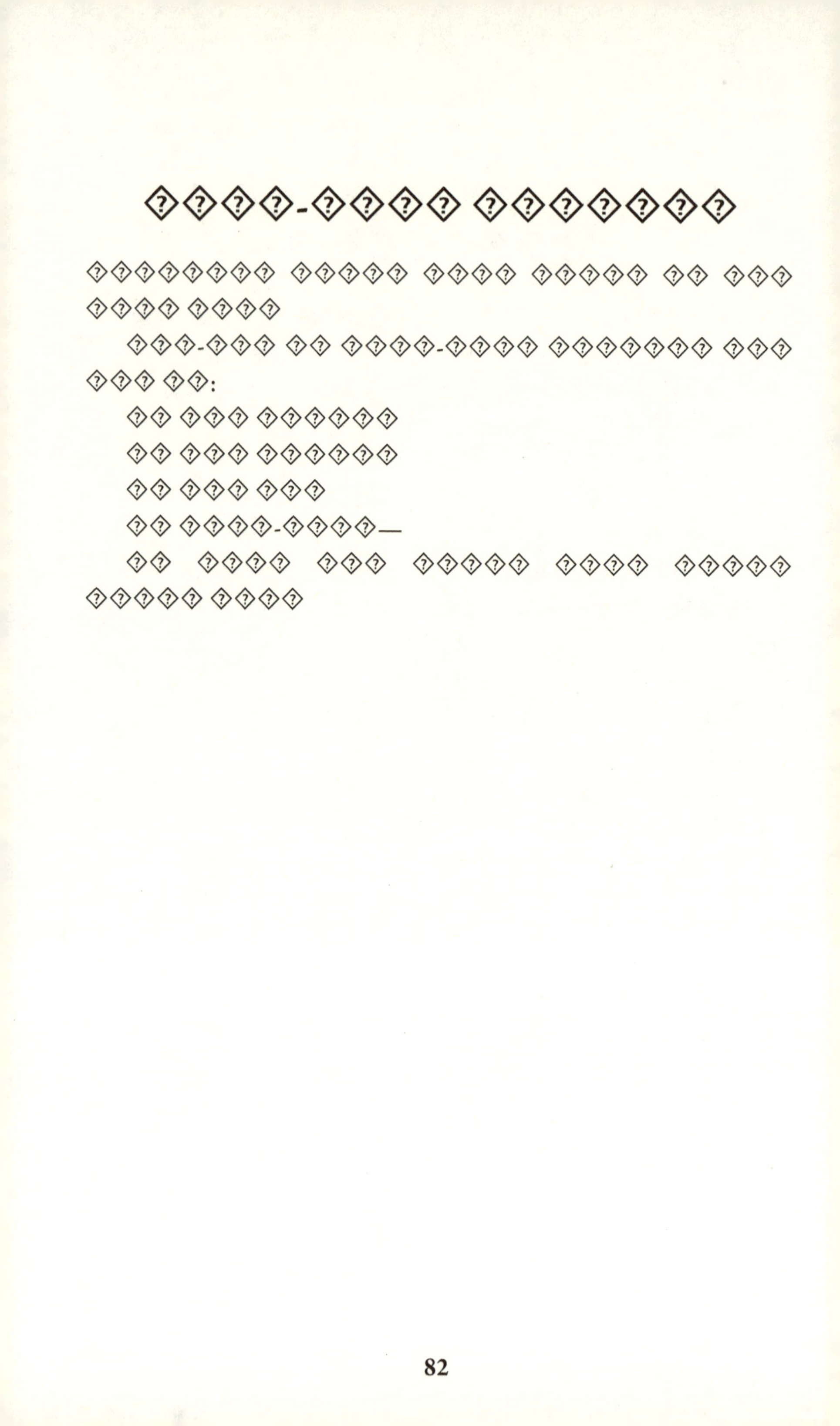

����-���� �������

�������� ����� ���� ����� �� ���
���� ����

���-��� �� ����-���� ������� ���
��� ��:

�� ��� ������

�� ��� ������

�� ��� ���

�� ����-����—

�� ���� ��� ����� ���� �����
����� ����

�� ��� ���� �����

�� ������ �� ����� ��� ��:

�� ��� ���� ������

��� �� ������ ���� ���
��� �� ������ ���� ��
��� �� ������ ������ � ��
�� ���� ���� ����
������� �� ����� ���—
������ �� ���� ���� ������ ���

����� �� ��� ����

�� ������� �� ��� ���� ����:

1. �� ��� ������� ����� ���� ����
   ���� �� �� �� ������ ��
2. ���� ���� �����:
   "�� ��� ���� ��� ��� ��� �� ���
   ��� ����"
3. �� ���� ��� �� ���� �� �� �� ���
   ���� ���

������ 10

��� ������ ����: ������, �������� ����

�� ������� ��� �� ���� ���� ���� ��� ���� ���—

�� �������� (perfection) �� ������� ���� ����

�� ������ ���:

“�� �� ��� �� ���� ������”

“�� ��� ���� ���� ���� ������”

“�� �� ���� ���� �����”

����� ������� �� ��—

������ ���� ����
���� �����

�� �� ���������� ���

������ ��� ����� ���� ��...

��� ���-��� ���� ���� �� ���� ���

����� ��� ���� ��...

�� ��� �� ���� ���

������ �� �������

���-��� �� ���� ���� ����� �� ������� ���� ���

�� ����-���� ����� ��� �� ���� �����

����� ��� ���� ���—

���� ���������� ���� ����

�� ��� ���� ��� ��

�� ������� ������

��� ���� �� �����

�� �� ����� ��� �� ������ ��� ��� ����

��� �� ������ ���� �������—

�� �� ������ �� ���� ����

������� ��� ���� ���

�� ������ ��� ����� ���� ���
���-���—
��� �� ��� ���� (relapse) �� �� ���� ���
����� ���� ���� �� ���� �� �� �� ���� �� ����
���� ���� ��—
���� ����� ��
�� ��� ����� ��
������� ������ ���� ���—
�� ������� ���
�� ���� ����� ���:
���� ��� ���� ����
���� ����� ��
���� ������� ��

���� ������ ����
���� ��

�� ��� ���� ���� ���� ���

�� �� ���� ������ ���

���� ������ ��� �� ��� ��� ���� ��—

��� �� ������ ���� ���

��� �� ������ �� ���� ���

��� �� ���� ���� ���

����� �� ���� ��� ���� ���� �����

�� ����� ���� ����

��� �� �� ��� ������

���� ���� ����� ������� ��� ��� ��� ��—

���� �� ���� �� ����� ���
���� ����:
��� �� ����� �����
�� ������ �����
���� ���� �� ��� �� �����
�� ���� ���� ������ ���� ��—
�� ���� �� ������ ���

������� ���� ����

������ ����� ��:

"�� �� ���� ���� ��� ������� � �����,

�������� ��� �� ���� � �����, �� ����� ��� �� �� ���������"

— ��������� 6:9

�� ��� �� �� �� ������� ������� ��—

����� ���� ���

�� �� ��� ���� ��

�� ��� ���� �� �� ���� ������� ��������—

�� �������� �� �� ������ ��� � ����� �����

�� �� ���� ������ �����—

�� ���� ��� �� ���� ������� �� ������� ���� ��...

�� �� �� ���� �� ������� ���

����� �� ��� ����

�� ������� �� ��� ���� �����:

1. ���� ������ �������� ��� 3 ���� ���������� ����� �����
2. ���� ��� �� �������� ��� 1 ��� �������� ������ ���� �� ��� ����� ������ ���
3. ���� ������ ��� ������: “��� �������� ����, ������� �� ����� �������”

������ 11

������ ���� ���� �� ������� ����

�� ������� ��� �� ���� �� �� ���-��� ����� ��� ��—

�������

����� ������ �� ��—
������� �� ��� �� ���� ���� ���� �������
������� ���� ���� ������ ���
������� ������ ���� ������ ���
�� ���-���... ������� ��� �� �������� ���� ������ ���

������ ����� ����� ���

�� ���, �� ������ ����� ����� ���� ���� ���—

�� ���� ��� ���� ����

�� ����� ���:

“�� �� ��� �� ��� ��”

“�� ���� ����� �� ������ ���� ��”

�� ����-����...

�� ���� ������ �� ����� �� ���� ����

����� ��� ���� ����� ���� ���

�� ����-���� ������ ������ �� ���� ��� �� ����

����� �� ������ ���-
��� ���� ���

�� ��� ������� �� ���� ��� ������� ���� ��� �������� ������� ���� ��:

“��� ��� ���� ���, �� ���� ��� ����� ���� ���� ���?”

����� ������ �� ��—

������ �� �����
����� ����

������� ������:

��� �� "��" ���� ���

������� �� "���" ���� ���

�� ������� ����� ����

�� ������ ����� ����

�� ������ ������ ����

������ �� ����� ����

������ ��� ��� ���� ��� ��:

�� ������ ���

�� ������ ���� ���

��� �� �� ��� ���� ���…

�� �� ��� �� ���� ���—

�� ������ ��� ���� �������

������� (consistency) �� ���� ���

����� (Guilt) �� �����

������ �� ���� ���—

���� ��������� ����� �� ���� ���
�� ��� ���� ���:
“���� ��� ���� ���� ���?”
“���� ��� ���� ��� ���� �� ���?”
����� ��� ����—

������ ���� �� ��� ��������� �� ��� ���� ���...

�� ��� �� ����� �� ��� ����

�� ������ ������ �� ����

��� ��� ���� ��� ����� ������ �� ����� ����

�� ����� ������:

����� ��

����� ����� ��

���� ����� ��

�� ������� ���

���� ���� �� ���� �� �� ��� ����

���� ���� ��—

���� ���� ��� �� ��� ���

���� ���� ���� ����

�� ��� ����:

���� ���� ��

����� ���� ��

�� ���� ������ �� ���� ���� ��

�� �������� ��� ���� ������ ���� ����—

�� ����� �� ������ ���� ����

����� �� ����������

“�� ��� ������� �� �������� �� ��� ��”

— 1 ������������ 14:40

������ ��� ��������� ���� ����

�� �� �� �������� ��

������ ���� �� ��� ���� ���—

�� �� �������� ���

�� ���� ������ ���:

���� �� �� ������ ����

���� ��� �� ����� ����

���� ����� �� �������

�� ��� ���� �� ���� ������ ��� ����� ����� ���

����� �� ��� ����

�� ������ �� ��� ���� ����:

1. �� ��� ���� ����� ���� ���� ����� �� ��� �� ������� ���� ��
2. ����� �� �� ��� ���� ������ ���� ������
3. ���� ����� ��� �����: “������ ���� �� ���, ���� ������ �����”

������ 12

�� �� ����: ���� �� ������������

�� ��� �� ���� ���� ���� ���� ��...

�� ������ ����� ����� ���� ���� ���...

�� �� ��� ������ ����� ��� ��—

�� ��� ����?

������� ���� ��� ������� �� ���� ��� ���� ���

�� �� �� ���� �� ������ �� ���� ��� ���

���� ��� �� ����

��� ���� �� ��� ���� ��—

�� ��� ���� ��

�� ����� ���� ��

�� ����� ���� ��

�� �� ���� ��...

�� �� ���� ��� ���� ���

�� ��� �� ��� �� ��� ������ �� ���� ��� ���—

�� ��� ���� ��� �� ����� ������

������ �� ��� ���� ��������� ���

�� ����� �����

������ ����� �� ���—

�� ����� ���� ������

����-���� ���:

������ ��������

������ ���-���

�������

��� �� ���� �����

�� �� ����� �� �� ���� ����� ����

�������� (Purpose) �����

�� ������� �� �� ���� �����—

����� ��

��� ����� ��

����� ��

�� ���� �� ��� ��������� ���� ��—

�� �� ����� ���� ���

�� �������� ��� �� �� ���� ��:

������

���

������ �� ��� ����

���������� �����

����� ���� �������� ��—

������ ����� �� ���� ���

������� ��
����������

��� �������� �� ������� ��������� ���

�������� ������ ���
���� ������ ���
���� ��� ����� ���
����� ������ ��� �� ��—

������ ��� �� �� ���� ����

����-����

��������� ��

��� �� ���

������� ���� ��� ���

���� ������ ���� �� ��

�� ��� ��� ��—

�� ���������� ����
�� ������ ���� ���
�� ����������� ���� ���
�� ������� ���� ���� ���
����� ��—
�� �������� ���� ����
�� ���������� ���� ���

������ ���� ����

���� �� ������� ������� ��:

���� �������� ���� ����
���� �������� ���� ����
�� ��� ���—
����� �� ��� �� ��������� ����

�� ��� ����—�� ������ ��

���� ��� ������ ���:

“�� �� ��� �� ���”

����� ������� �� ��—

�� �� �� ������ ���

�� �� ��� �� ���� ���� ���� ���� ���

����� �� �������

“����, ��� �� ��� ��� �� ���� ���”

— ������������� 21:5

��� �� ������� �� ��� ��—

��� ���� ���� ���

����� �� ��� ����

�� ������ �� ��� ���� ����:

1. ���� ����� ������� �� ��� 3 �� ��������� ����� �� ����� �����
2. �� ��� ������� ����� ���� ������� �� ������� �� �������� ��
3. ���� ����� ��� �����: "�� �� ��� ���� ��� ��� ����"

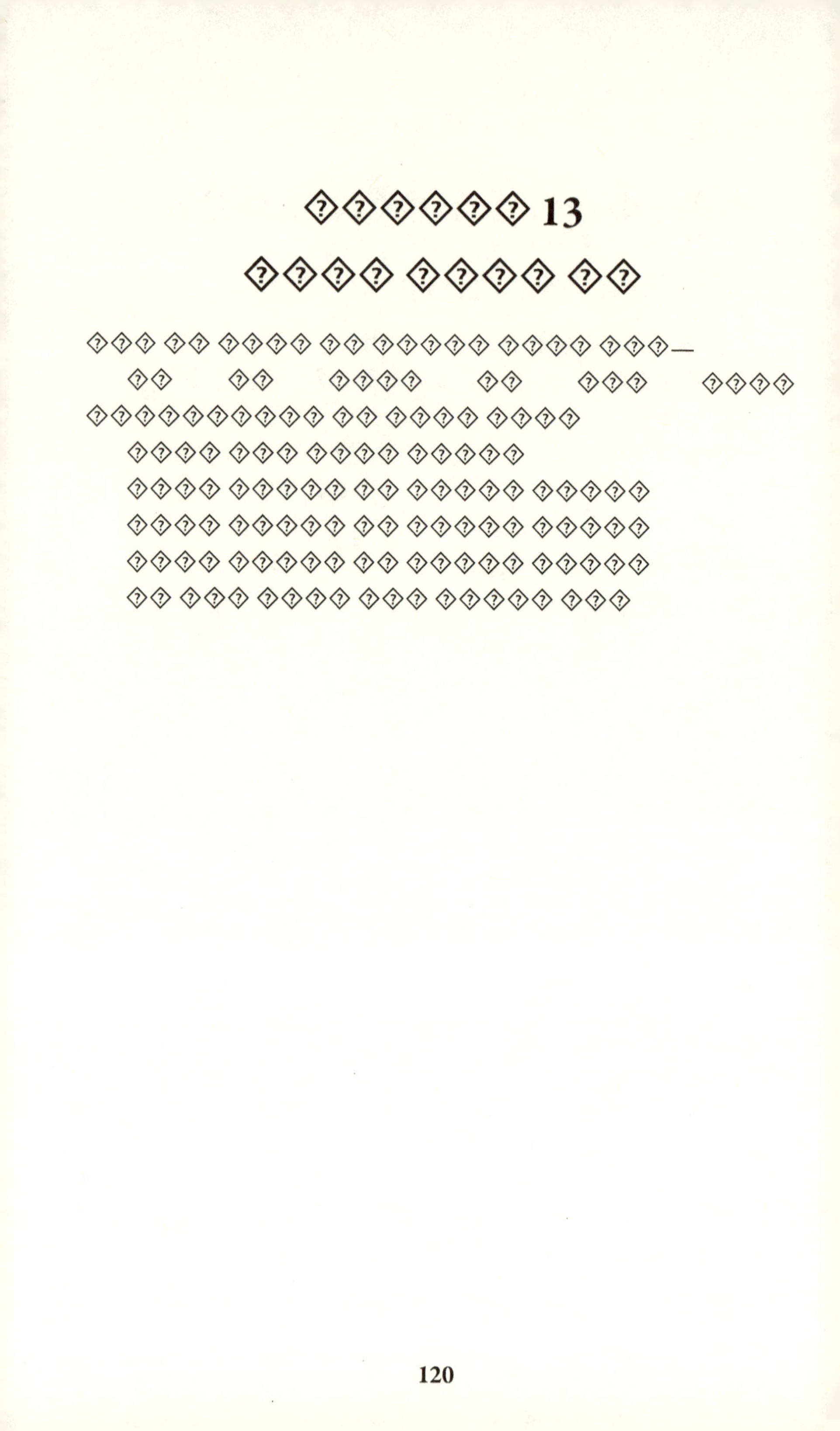

������ 13

���� ���� ��

��� �� ���� �� ����� ���� ���—

�� �� ���� �� ��� ����

����������� �� ���� ����

���� ��� ���� �����

���� ����� �� ����� �����

���� ����� �� ����� �����

���� ����� �� ����� �����

�� ��� ���� ��� ����� ���

�� ��� ���� ��

�� ����� ���� �� ���� ��—
����� ���� ���� �����
��� �� ����� �� �����
�� ���, �� ������, �� �� ����� ���
���� ���� �����
�� �� ������ ���
�� �� ������ ���—
�� ����� ���
�� ����� ���
�� ����� ���� ���

�� �� ���� ���� ���� ���

�� ���� �� ���� ���� ��—

�� ���� ���� ��� ��
��� ��� ��
�� ���� ��� ��� ��
����� ��—
���� ��� ����� ��
���� ��� ����� ��
���� ��� ��������� ��
�� ���� ����������—

���� ��� ��������
���

�� �� �� ����������
���

�� ������� �� ���—

�� ���� �� ������ �� ����� ���� ���

�� �� ����������� ���

�� ������� ���

�� ����� ���

���� �� ���� ��—

�� ���� ���� ��� ���� ���

�� ������� �� �� ��� �� ���� ���

������ �� ��� ����

������ ��� ���� ��� ���—

�� ��� ������ ��� ��� ���� �� ��� ��

��� ���

�����

�� ������ ����� ���

�� ���� ��� �� ������� �� ���� ���—

�� �� ��� ����� ���

������ �� ����� ����

�� ���� ������ ���—
�� ���� ���� ����������� ��:

�������

�������� �� ������� ���� ��—
�� ��� ������ ���
�� ��� ������ ���
�� ��� ��� ������ ���

�� �� ������ �� (Calling)

�� ���� �� ����� ���� ��—

�� �� ������ �� ���� ���

������ �� ��� ���� ��

����� ���� ���� ��

�� �� ����� ��� ���� ���� ��

�� ����� ���� ���

��� ��� ���� ���—

�� ������ ��� �� ���� �� ��� ���

�� ��� ����—

�� ����� ���� ���

�� ����...

�� ������ �� ���� ��

����� �����

���� �� ��� ����� ��—
�� �� ��� ���� ���������� ���
��� ����:
���� ���
���� ����� ���� ���
��� ���� ��� ���� ��� �� ���—
���� ��� ���� ��

����� �� ����� �������

“������ ��� �� ������ ���;
�� ��� �� � ������,
�������� ����� ����� ��� ������,
��������� ��������� ��������� ��� ���”

— ����� 1:9

����� �� ��� ����� ����

�� ������� �� ��� ���� ������ �����:

1. �� ����� ������:
   "��� �� ���� �� ����� ��������"
2. �� �������� �� ����� ���� ������—
   ����� �� �� ������ �� ��� �� �����
   ���
3. ����� ������ ��� ������:
   "��� �������, ����� ��
   ����������� �� ������ ��������"

Don't miss out!

Visit the website below and you can sign up to receive emails whenever Nicholas Salerno III publishes a new book. There's no charge and no obligation.

https://books2read.com/r/B-A-KCMK-DDVDJ

BOOKS 2 READ

Connecting independent readers to independent writers.

Did you love ��� �� ����� ����� �����? Then you should read *Our Lady and the Living Temple*[1] by Nicholas Salerno III!

[2]

In a world drowning in dogma and distraction, *Our Lady and the Living Temple* uncovers the pure message of two of the most miraculous apparitions in history—**Our Lady of Guadalupe and Our Lady of Fatima**. Through the lens of personal testimony, biblical wisdom, and mystical symbolism, Nicholas Salerno III reveals how Mary's timeless message calls us to become walking temples of the Living God.

This is a spiritual revelation for modern seekers, reconnecting heaven and earth, sacred feminine and divine truth, through meditation, forgiveness, and inner transformation.

---

1. https://books2read.com/u/b5EAz7

2. https://books2read.com/u/b5EAz7

A beacon of light. A return to Christ consciousness. **A call to embody the true temple—*you*.**

Also by Nicholas Salerno III

Contractor Protection
Construction Mediation

Dude Smith
The Adventures of Dude Smith

Lexington Legal Solutions
The Art of U P L

Living Temple
Our Lady and the Living Temple

PULP Comic
Lady On The Road
The Wanderer (comic/manga)

Robot Girl

Robot Girl "Escape to Paradise"

Screenplay

Smoke and Blood

The fantastic dog adventures of Kudo

The Greatest Dog In The World

Superhero Dog And Friends

The Fantastic dog adventures Of Kudo

The Wanderer

The Wanderer, Saving Paradise

Standalone

Pulp Reader

The Origins of Santa Claus

The Battle Plan Against Addiction

The Scroll Of Elijah

Painting Your Beautiful Home

WW3 Isn't What You Thought It Would Be

They Hid The Sky

Bring Down Babylon

Penelope

Don't Give It Away
Lost Equity
Hanakido
��� �� ����� ����� �����

www.ingramcontent.com/pod-product-compliance
Lightning Source LLC
LaVergne TN
LVHW042050051026
849517LV00012B/712
* 9 7 9 8 2 3 3 6 7 5 8 6 7 *